**„Bilderbuch-Werkstatt“**
**Herausgegeben von Jürgen Spohn**

**Ein Forum zur Präsentation von**
**Erstlingswerken junger Grafiker**

Robert Dörfler, geboren 1961 in Ludwigsburg, 1981 Abitur, lebt seit 1982 in Berlin. Seit 1982 Studium der visuellen Kommunikation, seit 1983 Studium in der Projektklasse von Professor Jürgen Spohn an der Hochschule der Künste in Berlin.

CIP-Titelaufnahme der Deutschen Bibliothek
**Dörfler, Robert**
Die Guck-Gucks-Bande/Robert Dörfler. — Wien; Stuttgart :
Neuer Breitschopf-Verl., 1989
(Bilderbuch-Werkstatt)
ISBN 3-7004-0920-6

# Die Guck-Gucks-Bande

Robert Dörfler

Bildgeschichten
zum selber erzählen

NEUER BREITSCHOPF VERLAG

# Der
# Löwe im Käfig

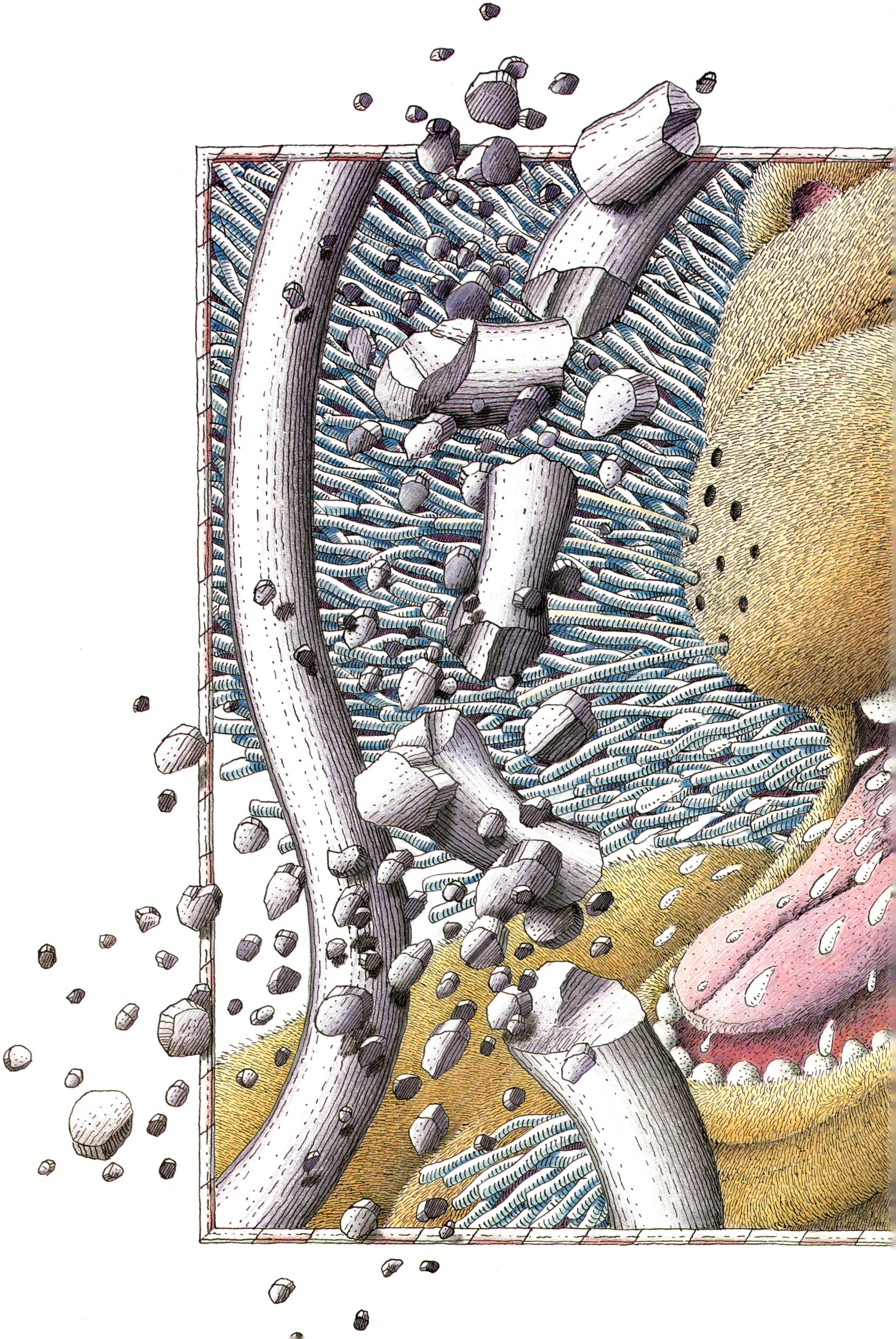

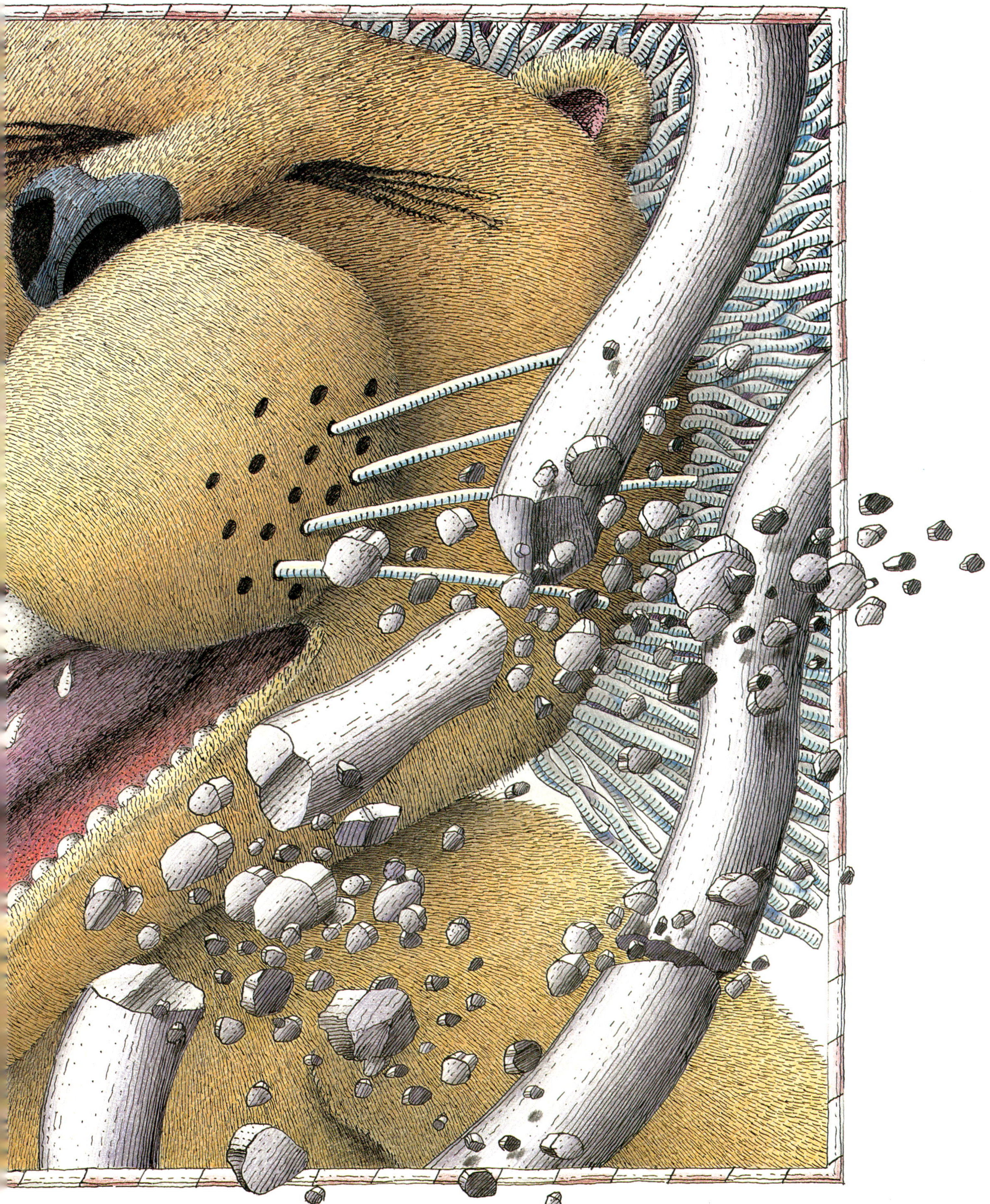

# Die schreckhafte Fledermaus

# Die drei verfressenen Raben

# Das dicke Luftpferd

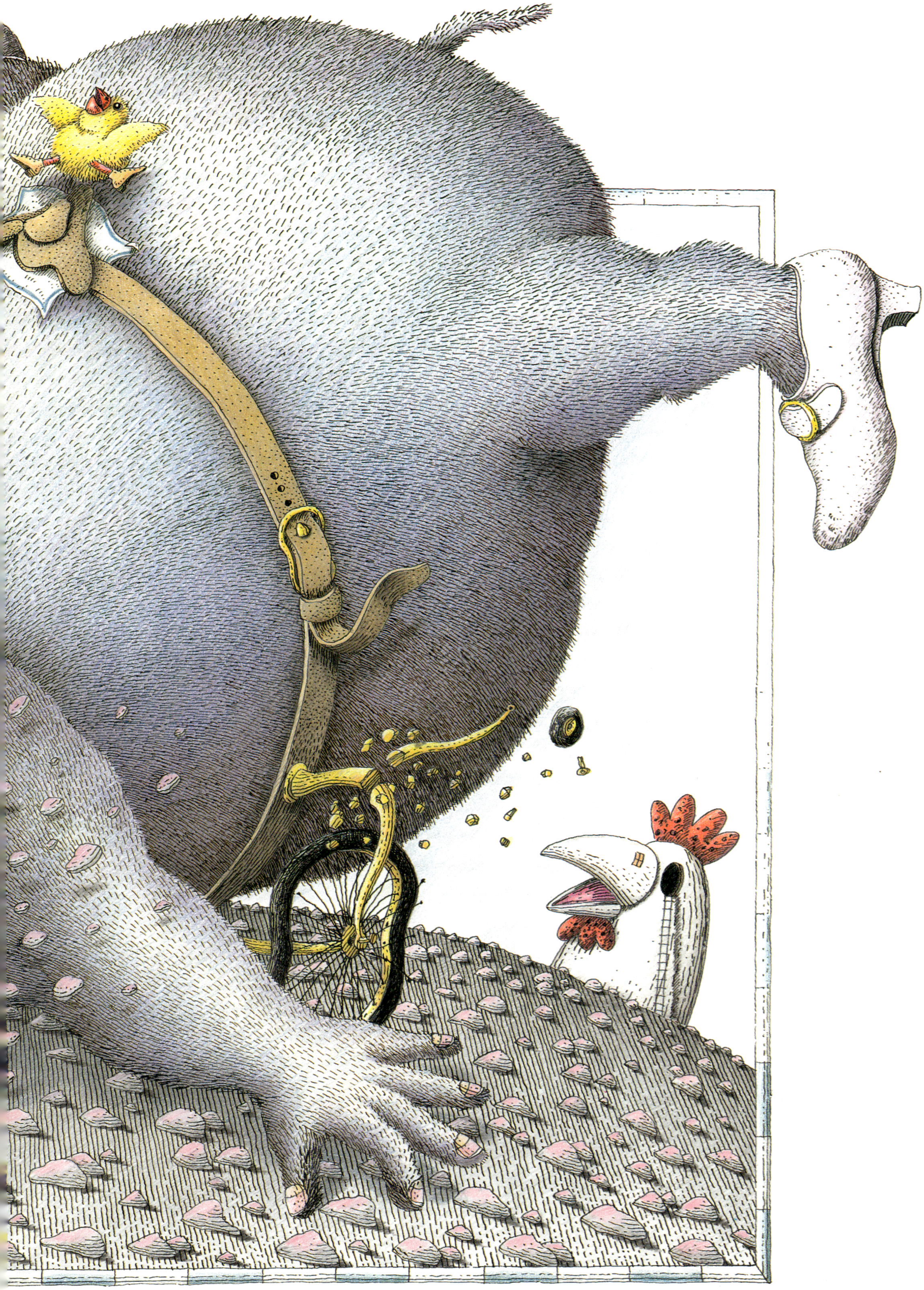